CÉRÉMONIE

DE LA

Translation

DES

RESTES DES MILITAIRES

MORTS EN 1870

sous la présidence de

M. POUBELLE, Préfet de la Seine

BONNEUIL-SUR-MARNE (SEINE)

Le 31 Mai 1896

PARIS

IMPRIMERIE JULES LIEVENS

USINE A VAPEUR A ST MAUR (Seine)

1896

CÉRÉMONIE

DE LA

Translation

DES

RESTES DES MILITAIRES

MORTS EN 1870

sous la présidence de

M. POUBELLE, Préfet de la Seine

BONNEUIL-SUR-MARNÉ (SEINE)

Le 31 Mai 1896

PARIS

IMPRIMERIE JULES LIEVENS

USINE A VAPEUR A ST-MAUR (Seine)

—

1896

CÉRÉMONIE

DE LA

TRANSLATION

DES

Restes des Militaires

MORTS EN 1870

SOUS LA PRÉSIDENCE DE

Monsieur POUBELLE, Préfet de la Seine

BONNEUIL-SUR-MARNE (Seine)

le 31 Mai 1896

Le Dimanche 31 mai 1896, a eu lieu, sous la présidence de M. Poubelle, préfet de la Seine, la translation au nouveau cimetière de Bonneuil-sur-Marne (Seine), en un monument élevé pour les recevoir, des restes des soldats français morts sur le territoire de cette commune, en 1870-71, et celle des restes des soldats allemands dans une concession perpétuelle spéciale.

M. le Ministre de l'Intérieur s'était fait représenter à cette cerémonie par M. de Pillot Chantrans, sous-chef de son cabinet ; M. le général Saussier, gouverneur militaire de Paris, par M. le commandant Kreps, du 12ᵉ d'artillerie, M. le capitaine Arbanère et M. le lieutenant Jaugey, du 29ᵉ bataillon de chasseurs à pied, M. le lieutenant Collot, du 12ᵉ d'artillerie, représentaient l'armée, ainsi que M. le commandant Baugé. Outre M. Gross, maire de Bonneuil, assisté de son adjoint, M. Boisville, et de MM. Dautier, Lemoine, Gillet, Cavet, Champigny, Legrain, Violet, Meunier, Geoffroy et Normand, membres du Conseil municipal de Bonneuil, étaient présents M. Lefèvre, sénateur de la

Seine, M. le D⁰ Piettre, conseiller général de la Seine, M. Savary, conseiller général de Seine-et-Oise, M. H. Le Roux, directeur des Affaires départementales, M. Collignon, directeur du cabinet de M. le Préfet de la Seine, M. Guérin, chef du Secrétariat particulier de M. le Préfet, M. Defrance, chef du personnel de la Préfecture de la Seine, M. Simonet, chef du bureau des Communes (Préfecture de la Seine), M. Naudy, inspecteur de l'Enseignement primaire, MM. Palade et Gilbert, conseillers d'arrondissement, divers fonctionnaires de l'administration préfectorale, de MM. Maxant, Gignoux, Gaultier, Chenal, Lemainque, maires des communes de Saint-Maur, Créteil, Saint-Maurice, Maisons-Alfort, Alfortville ; de MM. Legros et Meyer, maires de Boissy-Saint-Léger et de Sucy (Seine-et-Oise), ainsi qu'un grand nombre de membres des conseils municipaux de la banlieue.

M. Baulard, député de la circonscription, s'était fait excuser pour cause d'indisposition.

Un détachement du 29ᵉ bataillon de chasseurs à pied prêtait son concours, ainsi que les subdivisions de sapeurs-pompiers de la commune de Saint-Maur, commandée par M. le capitaine P. Karcher, de Joinville-le-Pont, par M. le sous-lieutenant Guichard ; de Créteil, par M. le sous-lieutenant Desbordes, de Bonneuil, par M. le sous-lieutenant Aviet.

Le cortège s'est formé à 2 heures 1/2 très précises, au moment de l'arrivée de M. le Préfet, escorté par les gendarmes à cheval, et il s'est dirigé, immédiatement après les souhaits de bienvenue et la présentation des membres du Conseil municipal, vers l'ancien cimetière où a eu lieu la levée des deux cercueils contenant les restes des soldats allemands et des deux cercueils renfermant les restes des soldats français.

Pendant la mise en chars, l'Harmonie de La Varenne, sous la direction de M. Thouvenel, 1er prix du Conservatoire, a exécuté *Horizon lointain*.

Aussitôt, le cortège officiel, précédé des quatre chars, escortés par les sapeurs-pompiers, s'est mis en marche vers le nouveau cimetière, MM. les officiers des sapeurs-pompiers formant escorte d'honneur aux autorités, le détachement des chasseurs à pied formant la haie, précédés par l'Harmonie qui a exécuté des marches funèbres pendant tout le parcours (*Marche de Chopin, dernier soupir*).

Arrivés au cimetière, les quatre chars se sont alignés et il a été procédé à la mise en terre des restes des soldats allemands, en présence du maire, puis à la mise en caveau des restes des soldats français sous le monument élevé à leur mémoire.

M. Gross, maire de Bonneuil, a prononcé, d'une voix vibrante d'émotion, le discours suivant :

> Monsieur le Préfet,
> Messieurs,

En cette imposante et patriotique cérémonie, ma voix sera impuissante à peindre les sentiments que j'éprouve.

Mais un devoir m'incombe, c'est de venir, au nom de la municipalité et de la population tout entière de Bonneuil, apporter sur ce monument un hommage à nos frères morts sur le territoire de la commune de Bonneuil en combattant pour la Patrie.

Après un quart de siècle, qu'il me soit permis de saluer en eux l'ardeur et la bravoure de notre armée, qui a donné un si bel exemple de patriotisme et qui, malgré la cruauté des circonstances, a su se couvrir d'une gloire aussi éclatante que si la victoire avait couronné ses efforts. (*Approbation.*)

S'ils ont été ensevelis sans la suprême consolation du dernier adieu de leur mère et de leurs parents, donnons-leur au moins, au delà de la tombe, l'assurance que la Patrie, cette seconde mère, qui elle aussi les a vu naître et les a vu mourir pour elle, leur sera éternellement reconnaissante de leur dévoûment et perpétuera leur souvenir dans la postérité, en les donnant comme exemple aux générations futures.

Que ce monument soit lui-même un témoignage immortel de l'hommage que la société tout entière tient à rendre aux restes de ces vaillants qui ont péri pour la défense de ses droits en accomplissant courageusement leur devoir.

Malgré les vingt-cinq années qui se sont écoulées depuis lors, le temps n'a pas cicatrisé notre plaie et notre cœur saigne encore en pensant à ces héros dont la vaillance et le courage n'ont pu empêcher la perte d'une partie de notre territoire.

Moi-même, enfant d'Alsace, je ressens plus vivement la douleur de voir notre beau pays natal, jadis si fier d'être Français, séparé de la mère patrie, et je crois être l'interprète de tous mes compatriotes en assurant ici même, que nos cœurs seront toujours avec nos belles provinces et en apportant sur cette tombe les regrets et les vœux de nos frères, que des liens trop étroits ont retenus sur son sol. (*Vive approbation.*)

Le vainqueur a pu être fier de sa victoire, mais nous avons le droit d'être plus fiers encore et à plus juste titre, de la bravoure dont l'armée a fait preuve et des témoignages de sympathie et d'attachement à la France que nos frères d'Alsace nous ont donnés. (*Très vive approbation.*)

Que les soldats étrangers qui reposent également ici reçoivent aussi notre salut, comme il convient de le déposer au pied de la mort, qui efface toute distinction de grade, de race et de patrie. Que les soldats des deux nations reposent en paix et qu'a tous s'adresse notre suprême adieu. (*Applaudissements prolongés*)

M. Poubelle, Préfet de la Seine, a pris ensuite la parole en ces termes :

Monsieur le Maire,
Messieurs,

J'ai voulu répondre à votre appel, et c'est avec une sérieuse satisfaction que je suis au milieu de vous : ainsi, le dernier acte de ma magistrature sera un hommage rendu aux soldats tombés pour la défense du sol sacré de la patrie.

Nous venons après 26 ans de transporter ici, suivis d'un solennel cortège, les ossements de 19 soldats français et de 21 soldats allemands frappés par la guerre, entre Seine et Marne, sur le territoire de Bonneuil, durant les journées des 30 novembre, 1ᵉʳ et 2 décembre 1870.

Nous avons rendu les mêmes honneurs aux soldats des deux nations tombés sous des drapeaux alors ennemis et qui sont aujourd'hui réconciliés dans la profonde et terrible impartialité de la mort. (*Applaudissements.*)

Oui, à cette distance et en présence de ces ossements, les inimitiés anciennes doivent faire silence. Mais il nous est permis de dire ici que si le succès n'a pas couronné la résistance héroïque de nos défenseurs, du moins ceux qui sont tombés ont-ils droit à l'honneur qui leur est rendu et à la reconnaissance de tous. (*Vifs applaudissements.*)

Vous avez réuni sous ce monument du souvenir quelques-unes des victimes de la guerre qui a dévasté cette région. Tous les cœurs ont fait escorte à ces braves, et les couronnes apportées de tous côtés sur leurs cercueils, et cette assemblée sympathique et ce concours de tous les pouvoirs représentés ici par les délégués du ministre de l'intérieur et du gouverneur militaire de Paris, par les maires de tant de communes, par les sénateurs et conseillers généraux, témoignent assez que tous nous fraternisons dans une pensée commune qui atteste l'unanimité de nos sentiments patriotiques. (*Assentiment général.*)

Nous voilà groupés, mes amis, dans ce cadre verdoyant jadis si bouleversé, aujourd'hui si riant, où la nature s'est appliquée à réparer avec tant de célérité les maux que la guerre avait causés ; mais, comme vous l'avez dit, Monsieur le Maire, la plaie subsiste et votre cœur d'Alsacien persiste à espérer qu'un sentiment plus élevé des véritables intérêts des peuples inspirera peut-être cette haute ambition de fonder pour l'avenir une paix durable sur la réparation des injustices internationales. (*Applaudissements*)

L'œuvre des tombes militaires à laquelle vous ajoutez un monument de plus est de celles auxquelles le gouvernement de la République s'est attaché avec le plus de sollicitude au lendemain même de nos désastres. Il a compris que l'un de ses premiers devoirs était de rendre honneur à la mémoire des soldats morts pour la patrie et de perpétuer leur souvenir. Dans plus de 36 départements et de 1,500 communes, pour 87,000 tombes, des monuments se sont élevés attestant l'unité de l'âme française et la fidélité de sa reconnaissance.

D'où venaient-ils les morts inconnus dont vous avez recueilli les restes? Ils avaient sans doute été arrachés à des foyers paisibles, à des travaux utiles, et ils sont venus tomber à la fois, Français et Allemands, dans les sillons de la terre de France envahie et défendue. Que tous reposent ici désormais en paix. Que les nôtres dorment enveloppés des sentiments de notre douleur, mais aussi de notre fierté.

Que leurs proches sachent bien qu'une modeste commune du département de la Seine a pris soin de conserver pieusement leurs reliques et leur souvenir et que ces tombes sans noms n'en sont pas moins couvertes de fleurs et de couronnes Qu'ils sachent aussi que vous avez édifié ce monument afin de perpetuer, pour l'exemple des générations futures, cette héroïque leçon, que le plus grand des devoirs consiste a se sacrifier pour son pays. (*Applaudissements prolongés.*)

M. le docteur Piettre, Conseiller général de la Seine, pour le canton de Saint-Maur, à son tour s'est exprimé ainsi :

    Monsieur le Préfet,
    Monsieur le Maire,
    Messieurs,

Je viens, au nom des habitants du canton de Saint-Maur, que j'ai l'honneur de représenter au Conseil général de la Seine, déposer au pied de ce monument l'hommage respectueux et patriotique que l'on doit à ceux qui sont morts pour la défense du sol français.

Dans ces champs aujourd'hui si paisibles, sur ces coteaux de Créteil et de Mesly, où plane encore la grande ombre de Ladreit de la Charrière, ma pensée se reporte à ces journées de décembre 1870, journées illustrées par tant de hauts faits, sur lesquelles passa comme un rayonnement de victoire, et qui aboutirent à une retraite que notre conscience française n'a pu encore expliquer ni comprendre.

Ce que nous savons, c'est que, si la fortune fut adverse, nos soldats du moins, et c'est là leur gloire, ont fait leur devoir et l'ont fait en entier.

A nous leurs contemporains, qui avons vécu les scènes douloureuses de l'invasion, à vous, mes enfants, ils ont laissé un exemple inoubliable : celui de leur bravoure, de leur dévouement à la patrie, de leur mépris de la mort, de toutes ces vertus militaires qui sont le vieux renom du soldat français.

Et aujourd'hui, puisque les sans-patrie ont osé proclamer cette monstruosité que le patriotisme est une formule, une vaine abstraction, il est plus que jamais nécessaire d'affirmer le culte du sol natal en perpétuant le souvenir de ceux qui sont tombés pour la défense de son intégrité.

En face de ce dernier asile, que la municipalité de Bonneuil a donné à des héros obscurs dont l'histoire n'a pas enregistré les noms, mais dont nous garderons, nous, le souvenir pieux, évoquons en nous cette pensée patriotique : que si la patrie a besoin de soldats pour la défendre, elle a besoin aussi du concours de tous ses enfants pour la rendre plus prospère, plus forte et plus grande encore : ne l'oublions pas, c'est par l'union de tous les cœurs français, par la fidélité à ce drapeau que la République tient haut et ferme, que nous conserverons aux générations futures l'héritage glorieux de nos ancêtres.

En terminant, permettez-moi, Messieurs, de remercier tous ceux qui se sont joints à nous dans cette manifestation de deuil patriotique, et plus particulièrement M. Poubelle qui a voulu que son dernier acte comme préfet de la Seine fût un hommage rendu à ses compagnons d'armes.

Je lui adresse ici, en même temps que mes félicitations pour la haute distinction dont il a été l'objet, l'assurance de notre meilleur souvenir.

Le Conseil général de la Seine et le Conseil municipal de Paris perdent en sa personne un administrateur aussi distingué que prudent, et les membres de ces deux assemblées un conseiller bienveillant et sûr.

Je félicite également M. Gross, maire de Bonneuil, et son Conseil municipal, d'avoir élevé ce monument où pourront venir méditer ceux qui ne peuvent ni ne veulent oublier leurs frères d'Alsace-Lorraine. » (*Applaudissements prolongés.*)

Après les émouvants et patriotiques discours, a commencé le défilé des troupes et des sapeurs-pompiers, l'Harmonie a exécuté *Sambre et Meuse* et le cortège officiel s'est retiré après un dernier salut aux braves morts pour la Patrie.

A l'issue de la cérémonie, M. Gross a réuni le cortège et les invités, dans sa propriété, pour remercier M. Poubelle de l'honneur qu'il lui avait fait d'accepter la Présidence et il a prononcé l'allocution suivante :

Monsieur le Préfet,
Messieurs,

Permettez-moi d'exprimer ici mes sentiments intimes et de compléter ce que je n'ai pu dire tout à l'heure.

Permettez-moi tout d'abord d'adresser quelques mots de remerciements à M. le Préfet pour l'insigne honneur qu'il a bien voulu faire à la commune de Bonneuil en présidant cette cérémonie, et le nouveau témoignage de sympathie qu'il nous accorde par sa présence au milieu de nous.

Nous sommes d'autant plus touchés de cet honneur qu'il nous est accordé par M. Poubelle le jour même de la fin de sa longue carrière préfectorale et que nous considérons sa présence parmi nous comme une dernière marque de la sollicitude qu'il n'a jamais cessé de prodiguer à notre chère commune et une dernière faveur qu'il a tenu à nous accorder avant son départ.

Mais si nous sommes honorés par votre démarche, Monsieur le Préfet les circonstances qui la motivent vous honorent plus encore, car elles rappellent vos droits à la présidence de la cérémonie patriotique d'aujourd'hui en nous remettant en mémoire votre marche incessante dans le chemin du devoir, couronnée par le suprême devoir que vous venez d'accomplir.

En effet, s'il est beau de perpétuer la mémoire des braves tombés sur les champs de bataille, il est de toute justice de rendre hommage aux combattants survivants qui se sont battus non moins vaillamment autour de Paris, et notamment à Champigny où M. Poubelle a, par son courage, mérité la médaille militaire, pendant la guerre, en 1870.

Je ne veux pas blesser votre modestie, Monsieur le Préfet, en rappelant les faits témoins de votre bravoure ; et j'en suis du reste empêché par le souvenir de nos désastres qui s'y rattache et dont mon cœur d'Alsacien saigne encore.

Permettez-moi cependant d'honorer en vous l'image de nos vaillants défenseurs et de rendre hommage à votre passé qui vous désignait d'avance a la présidence de la cérémonie d'aujourd'hui

J'ose dire que nous commencions déjà à nous habituer aux marques de votre bienveillance, Monsieur le Préfet, et cette dernière preuve, rehaussée par les circonstances qui la motivent, augmente nos regrets en même temps que l'honneur personnel que vous avez bien voulu me faire aujourd'hui et dont je garderai fidèlement le souvenir.

Recevez donc une fois de plus nos remerciements les plus sincères pour les marques de sympathie dont vous nous avez entourés jusqu'à ce jour, en même temps que nos félicitations les plus cordiales et nos vœux les plus ardents, qui vous accompagneront au delà des Alpes, dans la haute mission de confiance dont le gouvernement de la République vient de vous charger.

Je porte un toast à la République.

Je bois au Préfet de la Seine.

Je bois à notre nouvel Ambassadeur. (*Applaudissements prolongés.*)

M. Lefèvre, sénateur de la Seine, a ensuite pris la parole :

Messieurs,

Au moment où M. le Préfet va nous quitter pour un nouveau poste, il m'est particulièrement agréable de lui redire, avec la certitude d'être votre interprète, toute l'étendue et toute la profondeur de notre reconnaissance pour les nombreux services qu'il a rendus au département tout entier et plus spécialement à chacune des communes de la banlieue. (*Assentiment général.*)

M. le Préfet se félicitait tout à l'heure de présider, comme dernier acte de sa magistrature, une cérémonie éminemment patriotique. Je m'associe à cette idée et j'ajoute qu'il est particulièrement heureux que cette cérémonie ait eu lieu dans une des plus petites communes du département, qui lui doit tant d'améliorations et tant de progrès.

La sollicitude de M. le Préfet n'a rien oublié et s'est étendue sur tous les points du territoire dont il avait la charge. (*Applaudissements.*)

Je vous prie de croire, Monsieur le Préfet, que dans les hautes fonctions où vos grandes et éminentes qualités vont vous permettre de rendre au pays des services d'un nouveau genre, vous emporterez tous nos vœux et nos sympathies les plus vives. (*Vifs applaudissements.*)

M. Poubelle a répondu :

Messieurs,

Vous me comblez véritablement et je vous remercie....

M. LEFÈVRE. — Nous n'avons dit que la vérité.

M. POUBELLE. — Il m'est assurément agréable de le croire, même lorsqu'elle est exprimée avec cette exagération que l'affection se permet si volontiers.

J'ai tenu, il est vrai, à venir aujourd'hui parmi vous et présider pour la dernière fois comme Préfet cette cérémonie consacrée à des braves morts pour la Patrie.

Il est assez naturel d'aimer son pays, et quand ce pays est la France et qu'il a eu dans le monde le rôle que nous savons, l'amour de la Patrie se confond avec l'amour du progrès et de l'humanité.

Il faut que la France soit grande, forte et respectée pour la sécurité de ses enfants et aussi pour le développement continu de la civilisation.

Ceci dit, Messieurs, laissez-moi vous remercier de tout cœur du témoignage de sympathie que j'ai rencontré dans cette commune, et dans toutes celles du département de la Seine, toutes les fois que j'ai eu l'occasion de m'y rendre.

Je peux dire qu'au milieu de difficultés que vous n'ignorez pas, votre sympathie a été pour le Préfet de la Seine un encouragement.

Aujourd'hui c'est un jour de récompense. Vous conservez à la tête de la direction des affaires départementales un homme que vous estimez.

M. Le Roux continuera à s'occuper de vos intérêts. Il

fera connaître à mon successeur vos besoins et les améliorations que vous poursuivez.

Il est très au courant de tout ce qui vous touche, aussi, mes amis, faut-il ne pas trop me regretter.

Les hommes se succèdent et personne n'est indispensable. L'un apporte les qualités qui ont manqué à l'autre, et je ne doute pas que la prospérité de votre commune ne continue à s'accroître par le concours de tous. L'administration est une œuvre collective, comme je l'écrivais ce matin dans une lettre d'adieu que j'ai adressée à toutes les municipalités de la Seine, et c'est par le concours de tous qu'on peut arriver seulement au progrès moral et matériel.

Parmi les œuvres utiles que nous avons pu réaliser, à Bonneuil, en particulier, il est juste de donner un souvenir spécial à ce beau pont que nous avons inauguré par une journée si maussade et qui, en assurant la facilité des communications, augmentera considérablement les ressources de votre commune.

Je tiens aussi à ne pas oublier Monsieur le Maire qui s'est oublié lui même.

Enfant d'Alsace, il a conservé un véritable culte pour son berceau, et nous ne saurions trop l'en féliciter.

Vous savez, Messieurs, combien son initiative, sa persévérance et son amour du bien ont contribué au développement de ce pays, autrefois un peu négligé, et je serai votre interprète en lui adressant au nom de tous l'expression de notre affectueuse gratitude.

Je remercie également M. le Sénateur Lefèvre qui, dans toutes les circonstances, a été pour moi un témoin si bienveillant, et M. le Conseiller général, le Dr Piettre, qui m'a adressé de si flatteuses paroles.

Vous m'entourez, Messieurs, d'une telle atmosphère de

sympathie, que je conserverai toujours le souvenir de ma dernière journée préfectorale Encore une fois, merci ! (*Applaudissements prolongés.*)

La cérémonie s'est terminée a six heures du soir, et, au moment du départ de M le Préfet, l'Harmonie a exécuté *la Marseillaise*, puis M. le Prefet a tenu à remercier personnellement le directeur de l'Harmonie, M Thouvenel, et il a adressé ses meilleurs encouragements aux jeunes musiciens.

Pendant le lunch, la fille de M. et Mme Gross a remis à M. Poubelle une gerbe de fleurs destinée a Mme Poubelle.

Notre devoir nous oblige à nous excuser de l'impossibilité de n'avoir pu remercier les nombreuses sociétés patriotiques qui se sont spontanément jointes au cortège, et tous les invités et la population de Bonneuil qui ont tenu à honorer les braves morts pour la patrie.

Nous croyons devoir signaler en première ligne une délégation du *Souvenir français* qui a apporté une couronne aux couleurs nationales; une délégation des braves *Sauveteurs de la Seine*, avec son honorable président, M. Molinat, en tête, une delégation de la Société de tir *Serrez les rangs*, président M. le Dr Sallefranque, M. Stoeffler, president de la *Société des Alsaciens-Lorrains* de Saint-Maur, qui a offert une couronne ; la *Société des Vétérans des armées de terre et de mer*, représentée par son président, M. le capitaine Lévecq ; les anciens élèves de Bonneuil et leur ex-instituteur, qui ont offert une couronne, les enfants de Bonneuil et leur instituteur, un bouquet; MM. les directeurs et instituteurs des écoles du canton; les sapeurs-pompiers de Bonneuil, une couronne; les sapeurs-pompiers de Saint-Maur, Créteil et Joinville-le-Pont ; les Sociétés de trompettes de Paris et de la Pie, les représentants de la Presse de Paris et de la Banlieue; M. Moreau, représentant de l'entreprise des Pompes funèbres générales à Saint-Maur, qui a bien voulu prêter (a titre gracieux) son concours pour l'organisation de la cérémonie, enfin, d'autres sociétés dont les noms ne nous sont pas parvenus, une foule d'invités venus de tous les points du departement, et enfin de la population locale tout entière de Bonneuil, qui se sont retirés avec le plus grand recueillement, et sans qu'une seule note discordante se soit laissé entendre dans cette foule considérable. Le service d'ordre était dirigé par M. Gutzwiller, commissaire de police de Charenton, des agents et des gendarmes à pied du canton.

A tous merci.

Le Maire de Bonneuil :
A. GROSS.

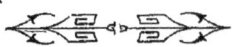

PARIS

IMPRIMERIE JULES LIEVENS

USINE A VAPEUR A ST-MAUR (Seine)

www.ingramcontent.com/pod-product-compliance
Lightning Source LLC
Chambersburg PA
CBHW070533050426
42451CB00013B/2991